kitten

kattunge

tangerine

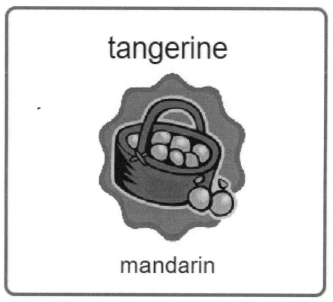

mandarin

tree

träd

pear

päron

fishing

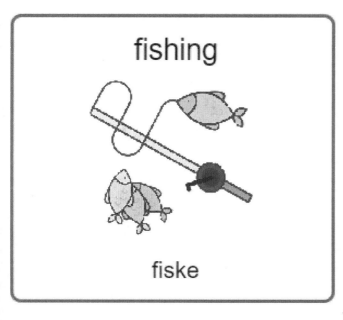

fiske

tiger

tiger

witch

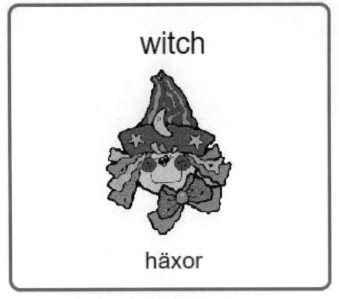

häxor

hot

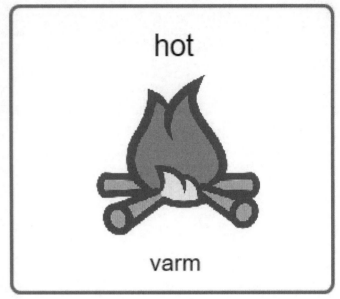

varm

neck

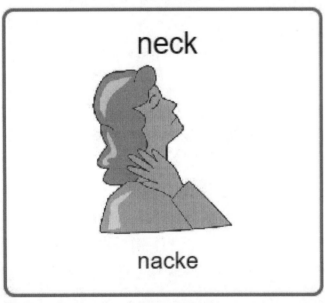

nacke

money

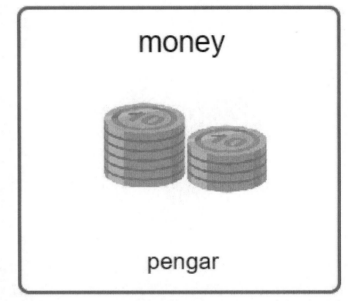

pengar

pearls

pärlor

thunder

åska

gifts

gåvor

boots

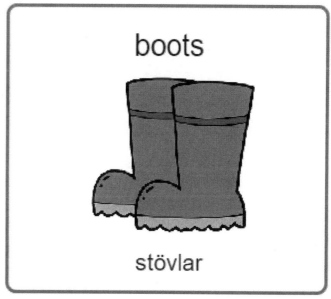

stövlar

prize

priser

presents

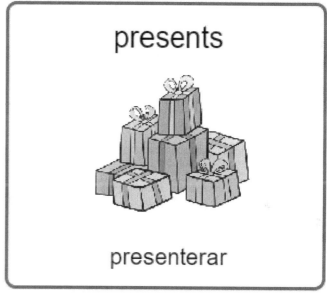

presenterar

wreath

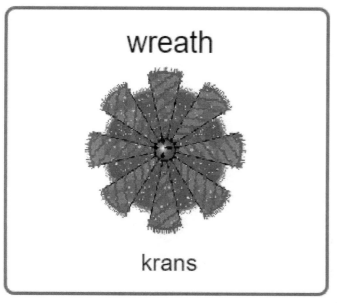

krans

bear

björn

museum

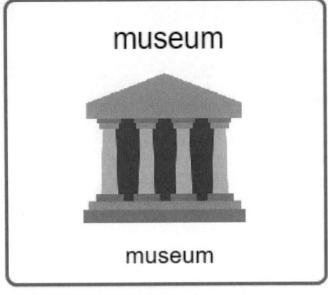

museum

wheat

vete

wet

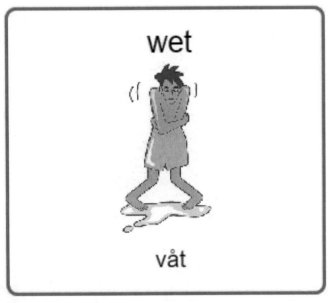

våt

cute

söt

snail

snigel

music

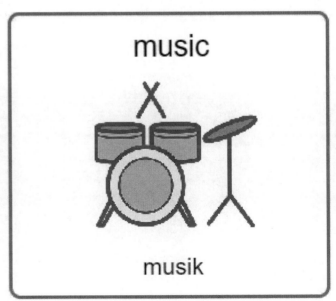

musik

chocolate

choklad

nine

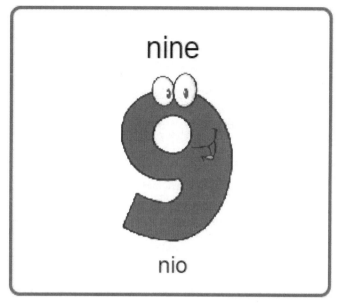

nio

night

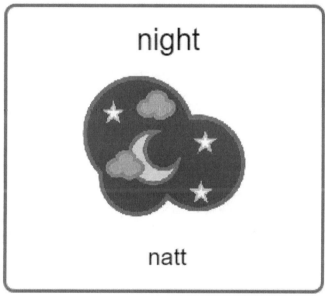

natt

cab

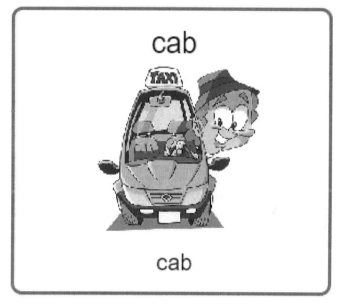

cab

honey

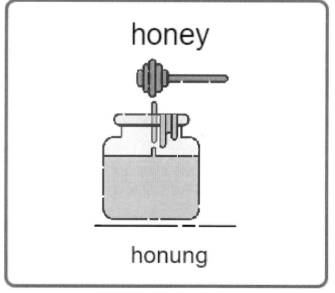

honung

proud

stolt

pair

par

box

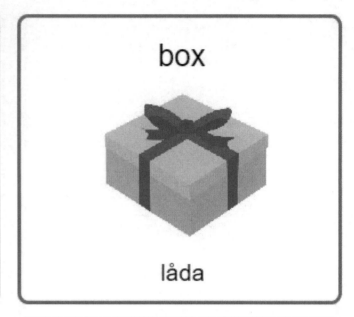

låda

panda

panda

shoes

skor

acorn

ollon

shy

blyg

computer

datorer

ring

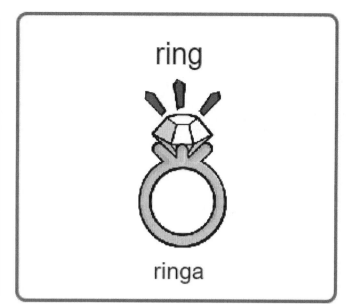

ringa

garden

trädgård

eat

äta

brick

tegel

pineapple

ananas

milk

mjölk

ruler

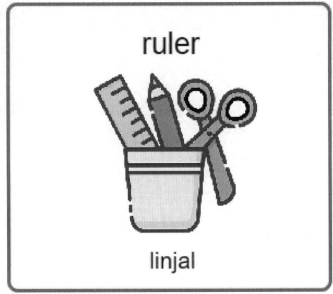

linjal

ketchup

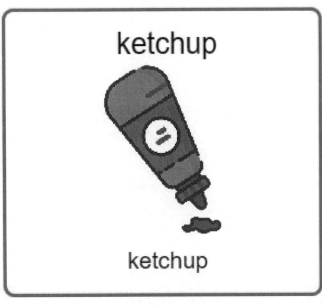

ketchup

cage

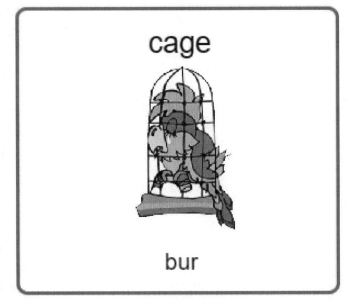

bur

calculator

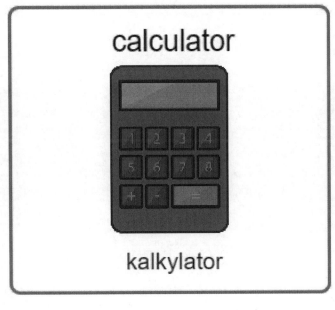

kalkylator

elephant

elefant

quiz

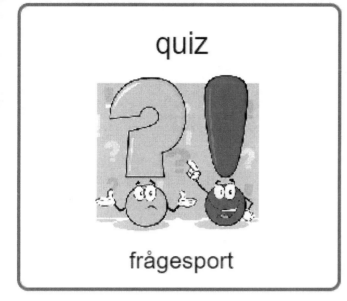

frågesport

friend

vän

thumb

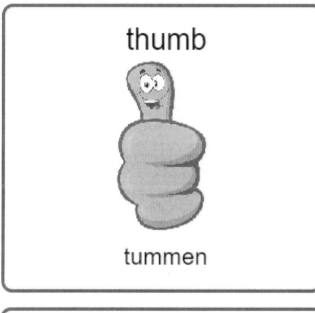

tummen

train

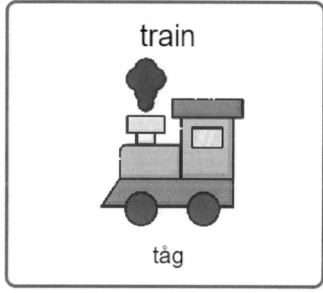

tåg

tooth

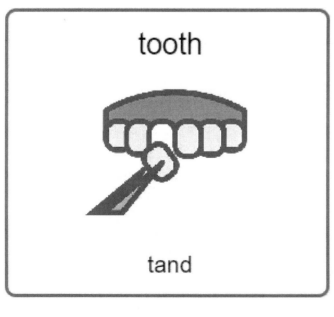

tand

carpet

matta

hello

hej

leaf

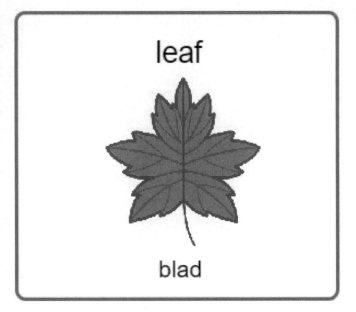

blad

cooking

matlagning

corn

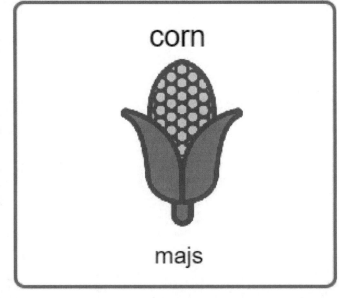

majs

mouth

mun

barrel

tunna

yak

jak

plum

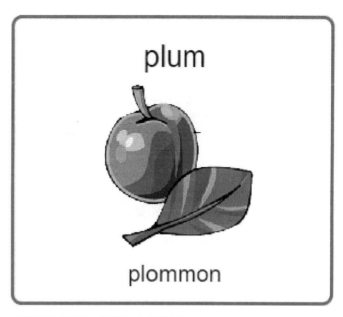

plommon

lipstick

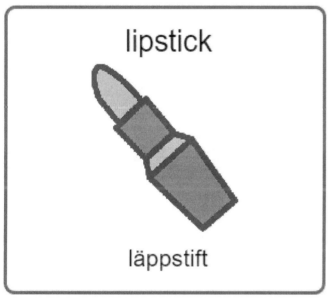

läppstift

swimming

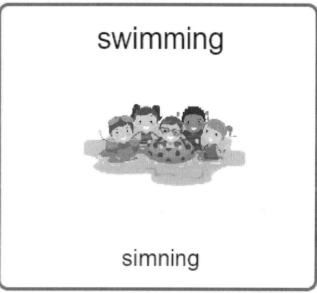

simning

basketball

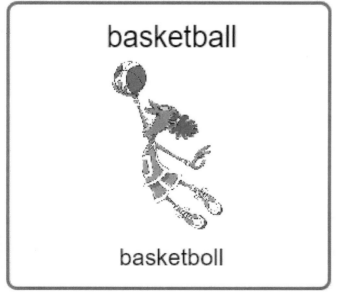

basketboll

wallet

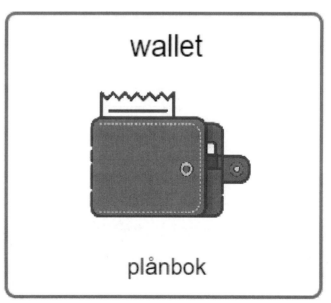

plånbok

bike

cykel

massage

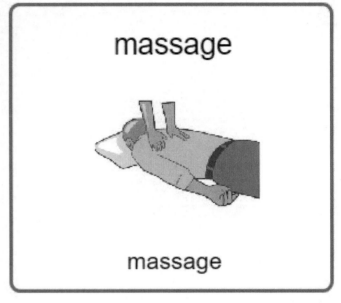

massage

lightbulb

glödlampa

lizard

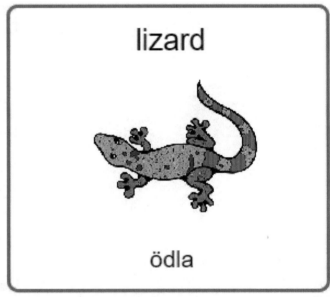

ödla

gorilla

gorilla

mountains

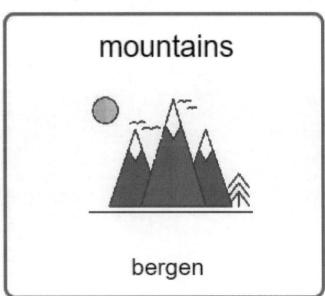

bergen

stove

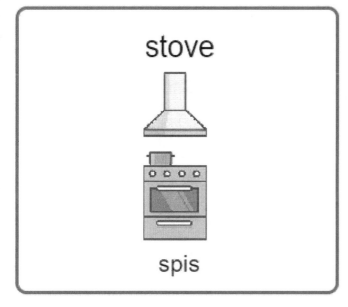

spis

volcano

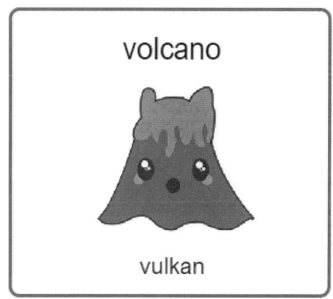

vulkan

delivery

leverans

strawberry

jordgubbe

bomb

bomber

torch

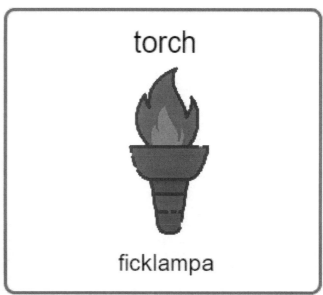

ficklampa

chef

kock

climbing

klättrande

brother

bror

tongue

tunga

stand up

stå upp

rake

räfsa

family

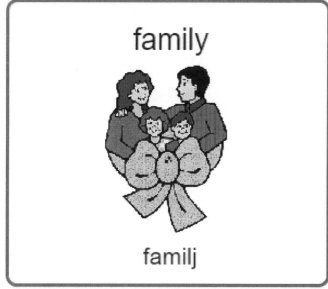

familj

joyful

glad

whiskey

whisky

teeth

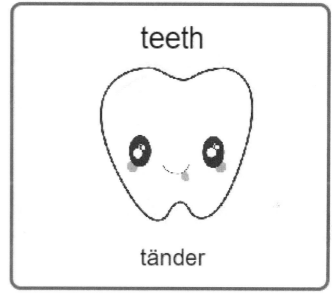

tänder

wolf

varg

hug

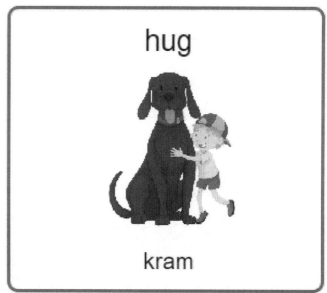

kram

15

mole

mol

showering

duschande

artist

konstnär

pulling

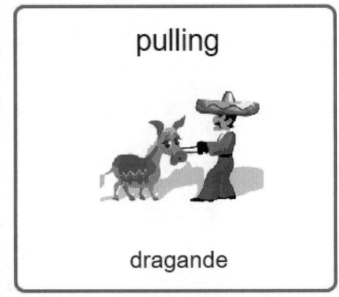

dragande

grape

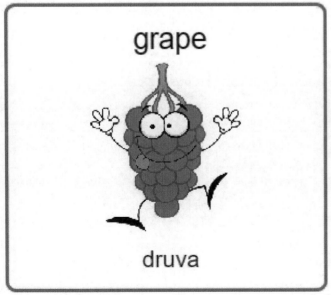

druva

zebra

zebra

sleepy

sömnig

snake

orm

water

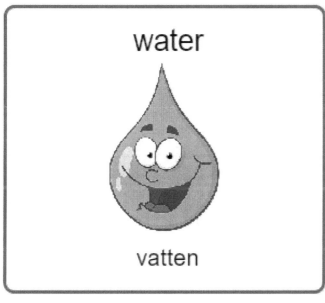

vatten

song

låt

mom

mamma

meet

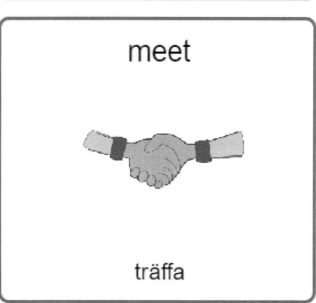

träffa

dressing

klä på sig

cub

gröngöling

lotus

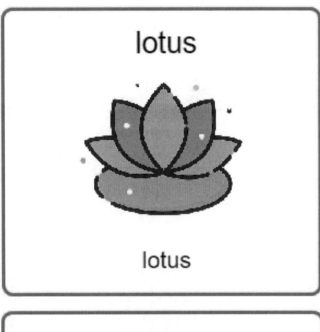

lotus

queen

drottning

beach

strand

collar

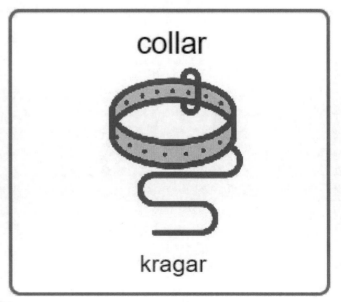

kragar

kneeling

knästående

cop

polis

raspberry

hallon

tail

svans

soda

soda

decrease

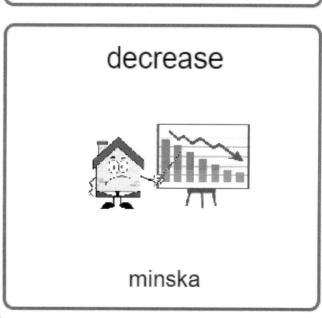

minska

swan

svan

drawing

ritning

couch

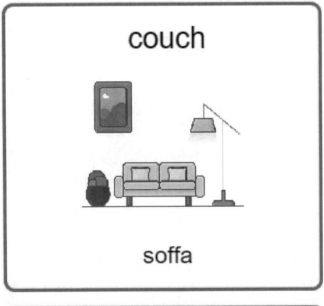

soffa

singing

sång

dress

klänningar

arrow

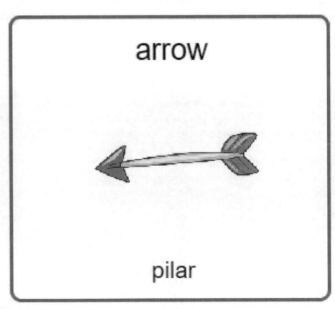

pilar

one

ett

wig

peruk

star

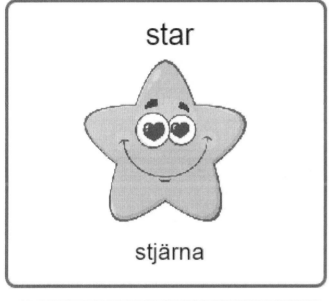

stjärna

oval

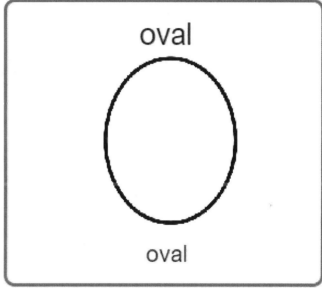

oval

helmet

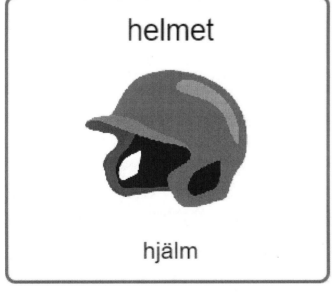

hjälm

boar

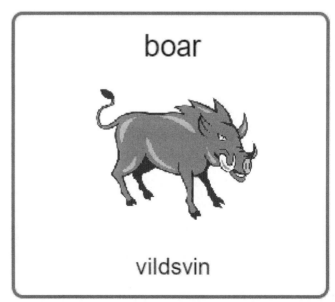

vildsvin

mermaid

sjöjungfru

medicine

medicin

race

lopp

tuxedo

smoking

spatula

spatel

jacket

jacka

red

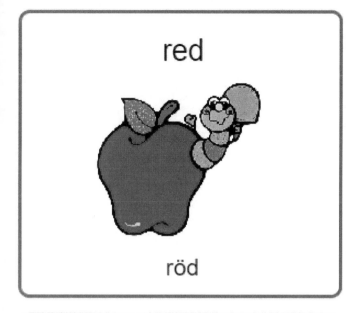

röd

handkerchief

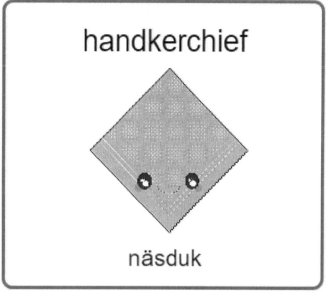

näsduk

bag

väska

soccer

fotboll

teapot

tekanna

syringe

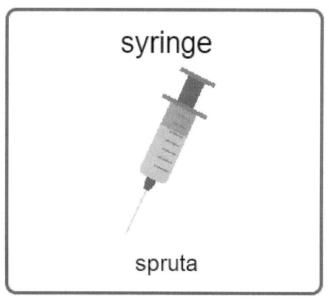

spruta

wedding

bröllop

vaccine

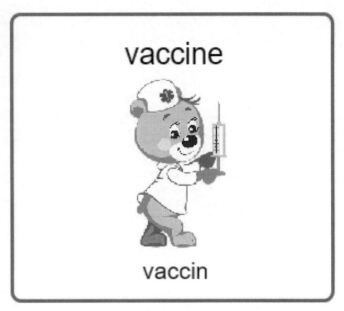

vaccin

bean

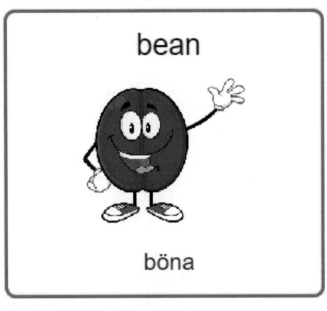

böna

peas

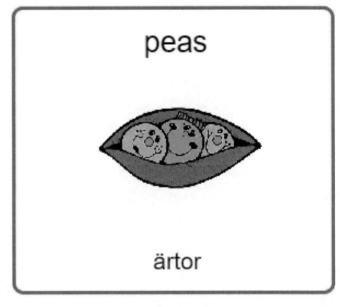

ärtor

ink

tryckfärger

zipper

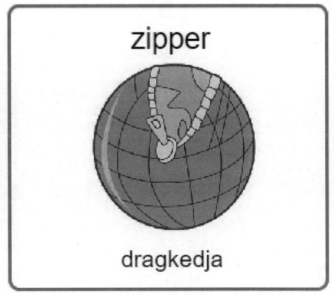

dragkedja

violin

fiol

mice

möss

van

skåpbil

reindeer

ren

salad

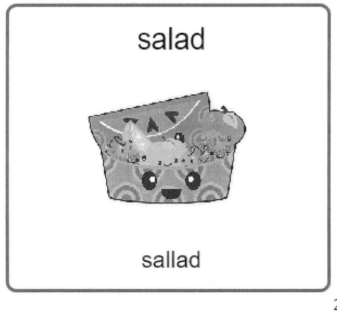

sallad

quilt

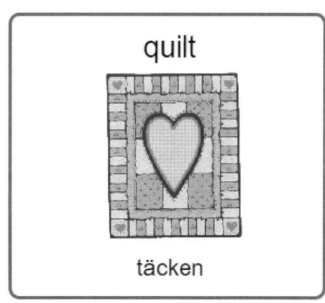

täcken

pillow

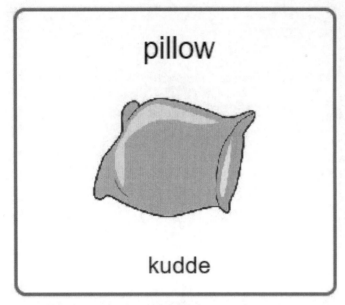

kudde

sad

ledsen

cow

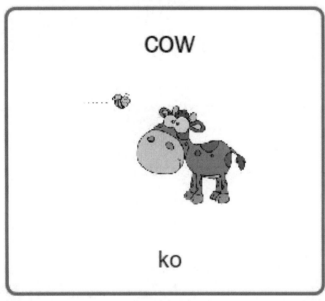

ko

king

kung

sofa

soffa

soil

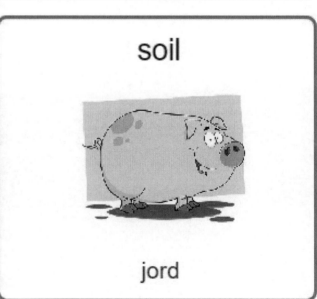

jord

worm

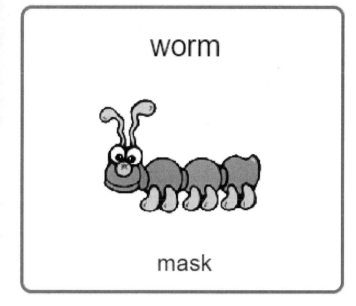

mask

sun

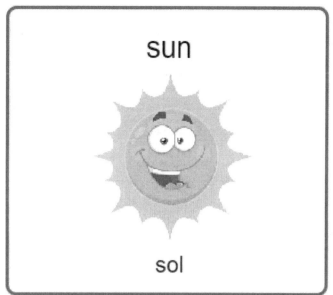

sol

studying

studerar

ten

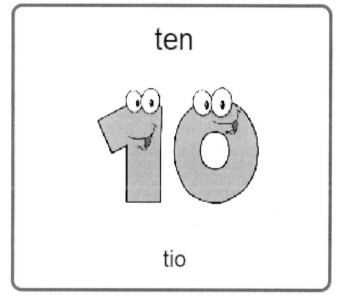

tio

driving

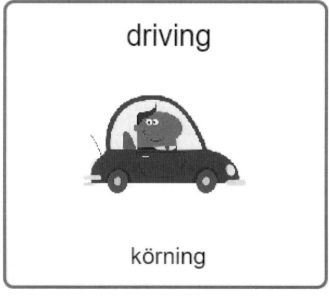

körning

children

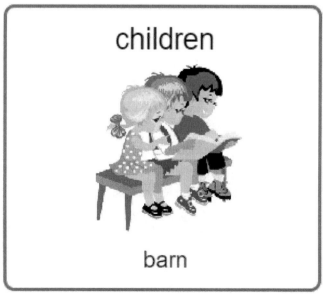

barn

evil

onda

sick

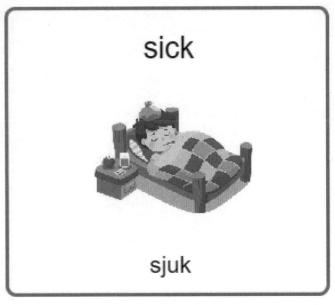

sjuk

ice

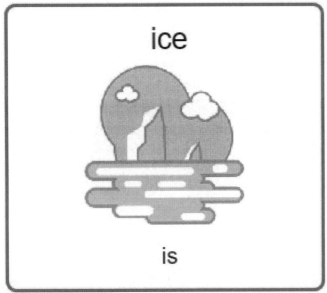

is

pig

gris

jam

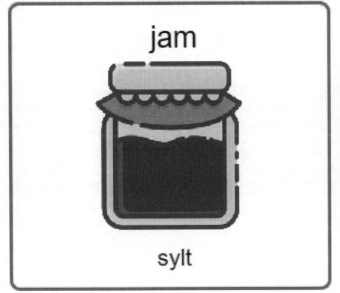

sylt

onion

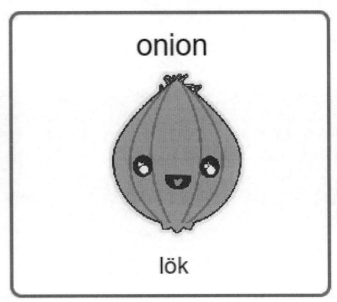

lök

moon

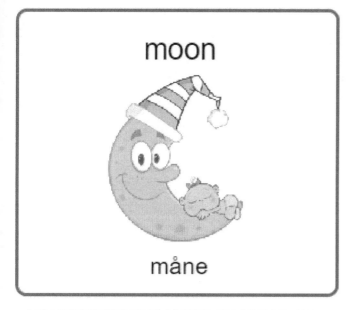

måne

peg

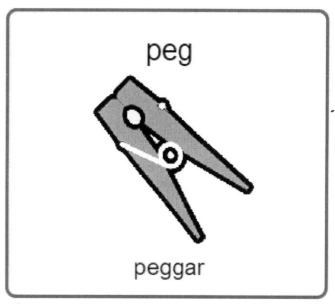

peggar

sailboat

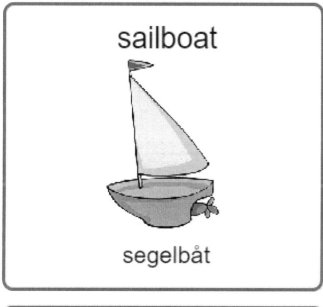

segelbåt

flag

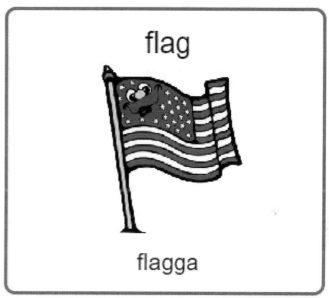

flagga

bookshelf

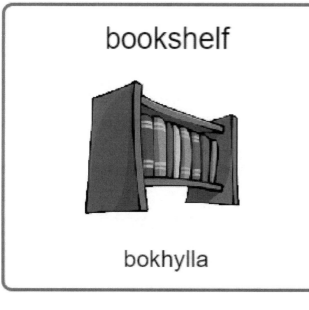

bokhylla

fox

räv

fin

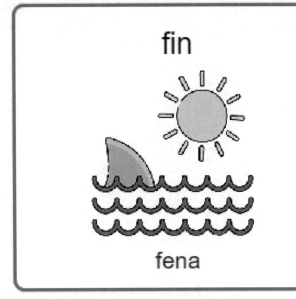

fena

dinner

middag

paper

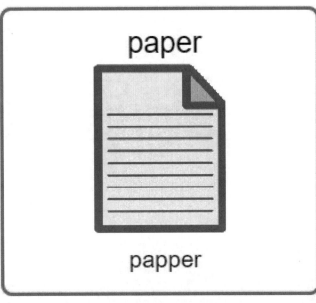

papper

fitness

kondition

dumbbells

hantlar

pomegranate

granatäpple

fresh

färsk

sinking

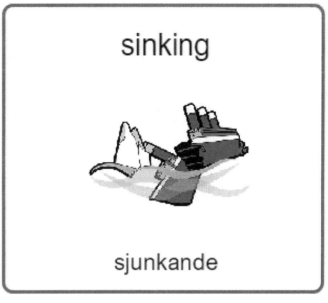

sjunkande

help

hjälp

calendar

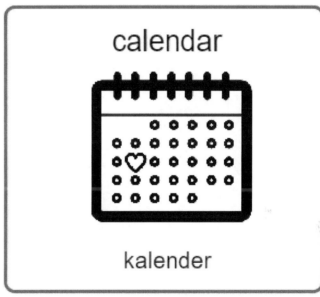

kalender

brain

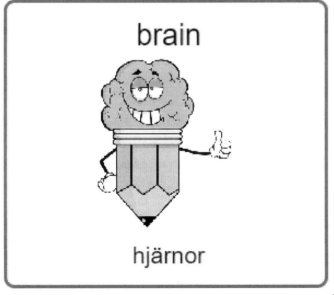

hjärnor

stylish

elegant

glue

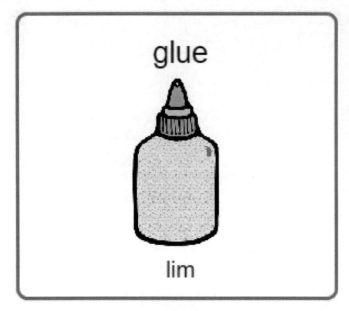

lim

pacifier

nappar

lid

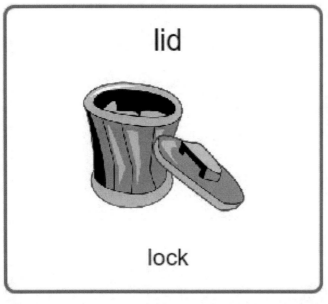

lock

monkey

apa

bucket

hink

map

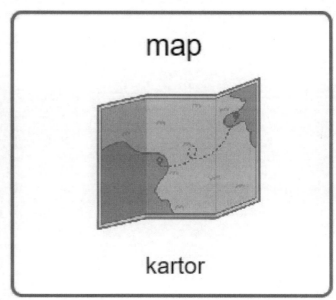

kartor

sandwich

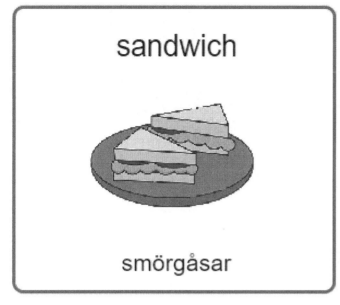

smörgåsar

pan

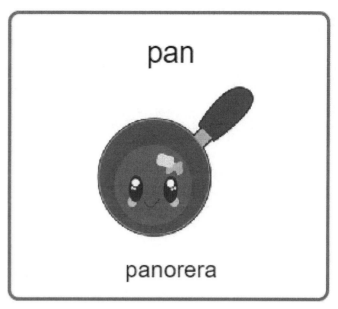

panorera

finger

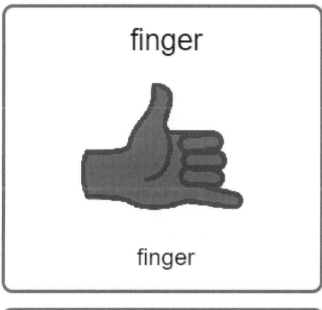

finger

shelter

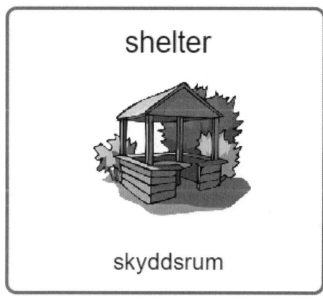

skyddsrum

enjoy

njuta

lemon

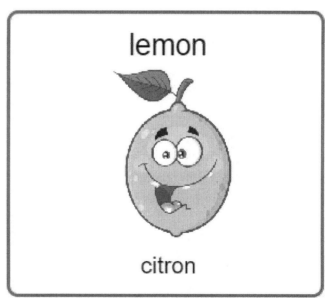

citron

good

bra

jump

hoppa

bone

ben

bed

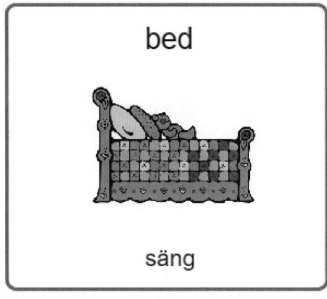

säng

wake up

vakna

hip

höft

podium

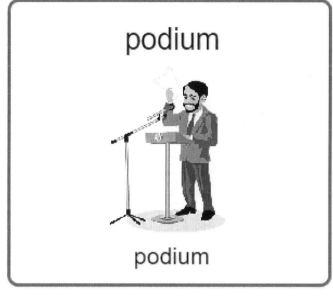

podium

pelican

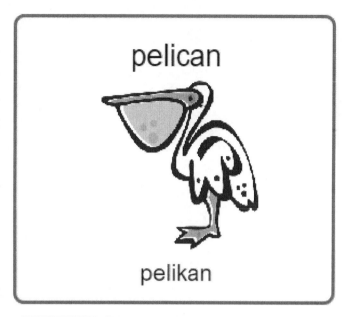

pelikan

manager

chef

rob

råna

nap

tupplur

skunk

skunkar

ears

öron

point

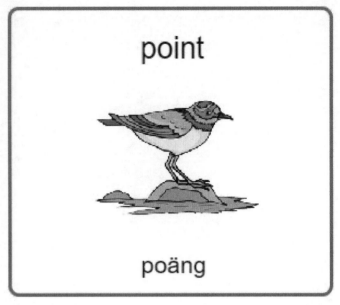

poäng

shovel

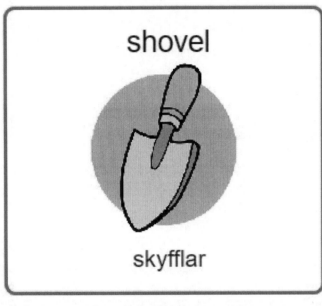

skyfflar

shark

haj

glass

glasögon

walrus

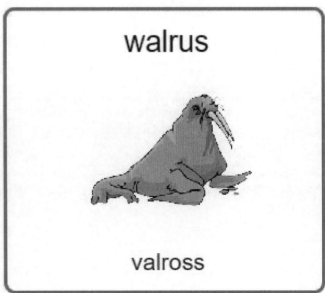

valross

coffee

kaffe

paint

måla

ice cream

glass

hurt

ont

igloo

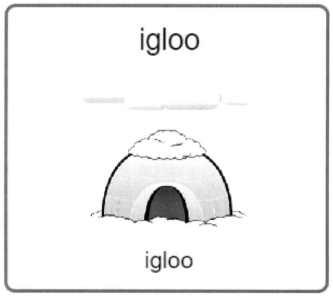

igloo

four

fyra

package

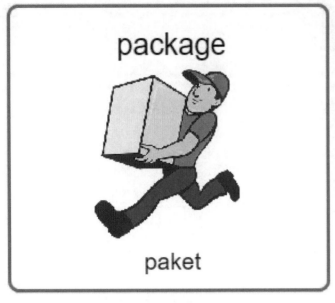

paket

bell

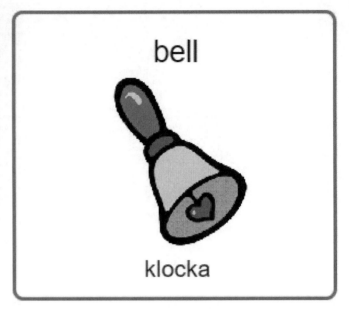

klocka

zero

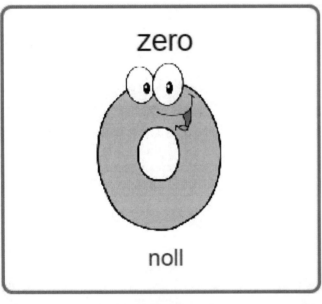

noll

popsicles

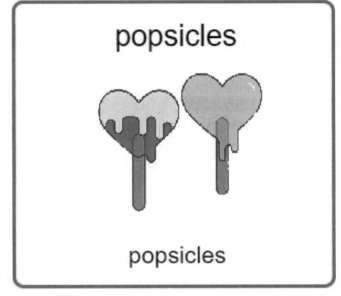

popsicles

meat

kött

fall

falla

writing

skrift

forbid

förbjuda

shoulder

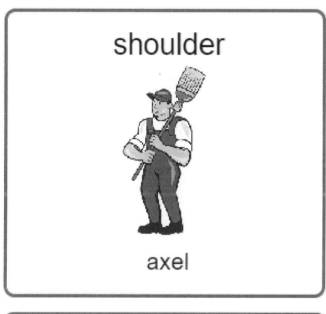

axel

dad

pappa

orange

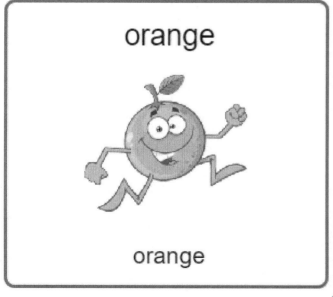

orange

ax

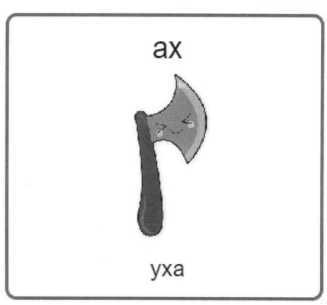

yxa

bored

uttråkad

belt

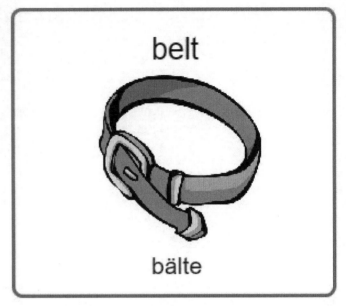

bälte

windmill

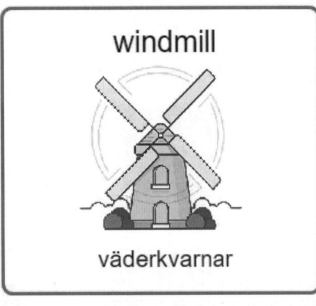

väderkvarnar

broccoli

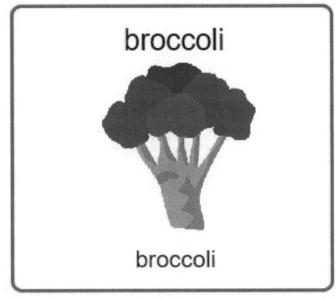

broccoli

car

bil

church

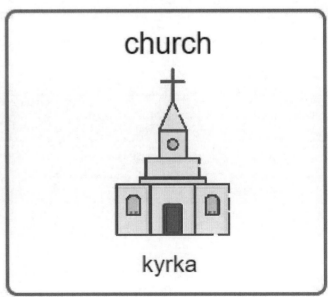

kyrka

name

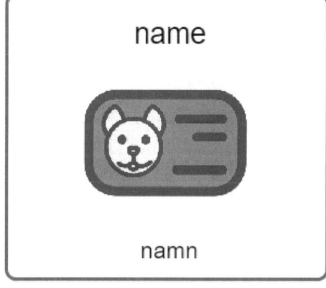

namn

duck

anka

candle

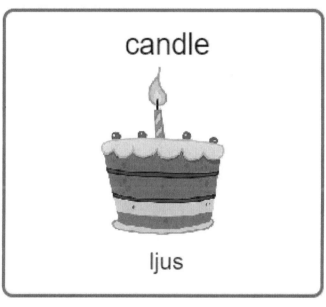

ljus

baker

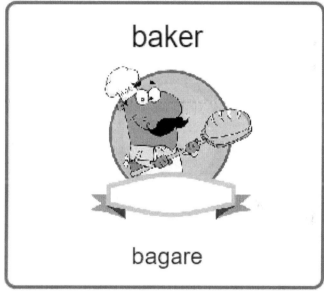

bagare

hide

dölj

bite

bita

fence

staket

toad

padda

unhappy

olycklig

hat

hatt

photographer

fotograf

dust

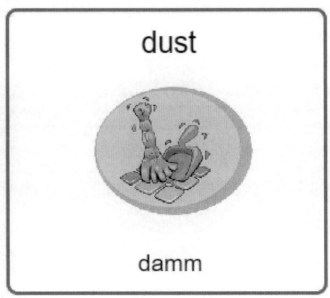

damm

castle

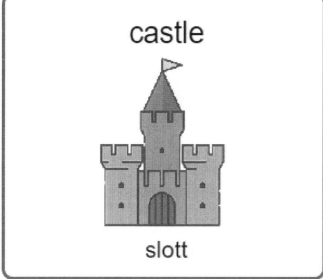

slott

sausage

korv

elbow

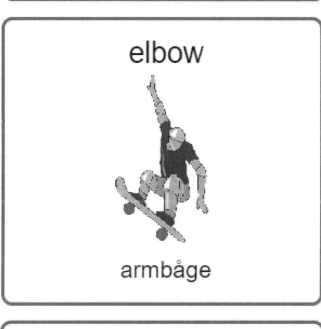

armbåge

clean

rena

blender

blandare

play

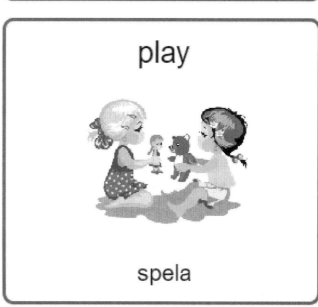

spela

cry

gråta

iguana

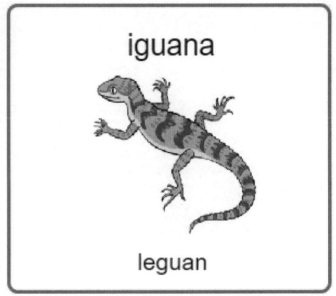

leguan

giraffe

giraff

anchor

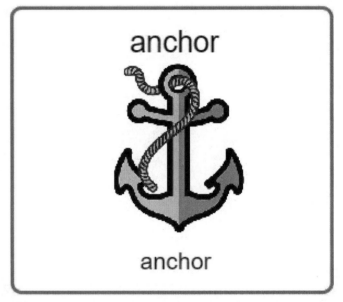

anchor

game

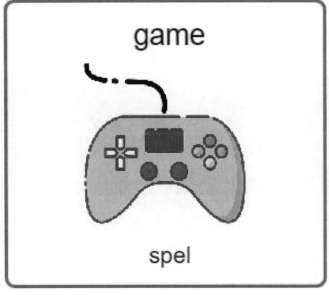

spel

crab

krabba

insect

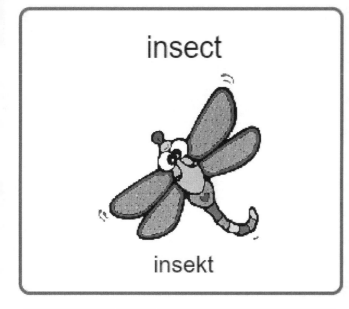

insekt

paintbrush

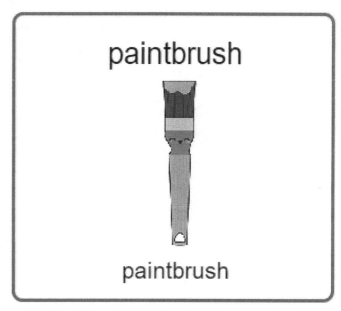

paintbrush

cheetah

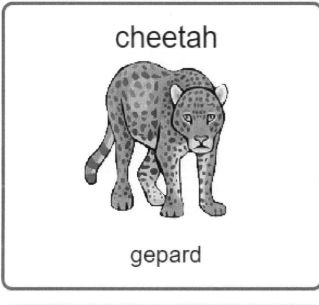

gepard

grass

gräs

fireplace

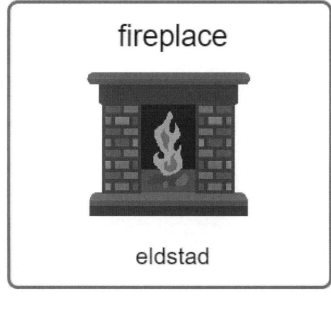

eldstad

eagle

örn

rainbow

regnbåge

chair

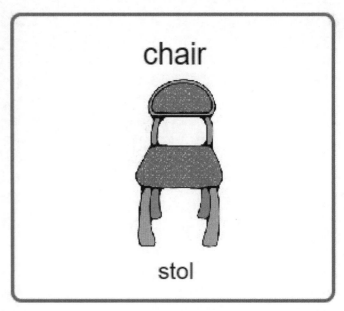

stol

porcupine

piggsvin

egg

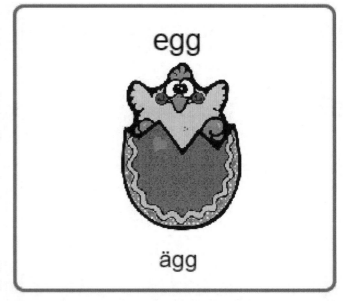

ägg

father

far

gasoline

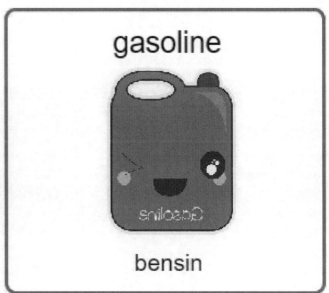

bensin

ghost

spöken

butcher

slaktare

mug

muggar

loud

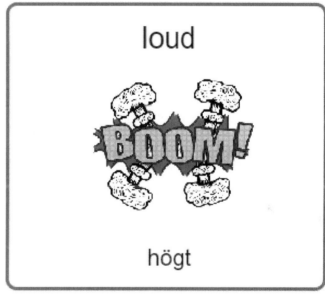

högt

seeds

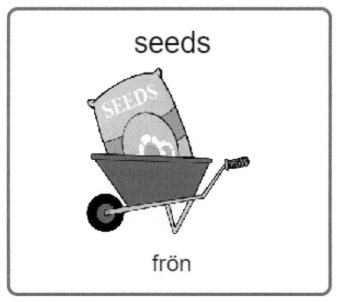

frön

chimney

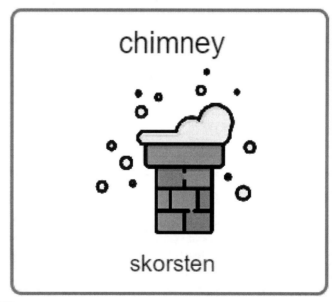

skorsten

two

två

racket

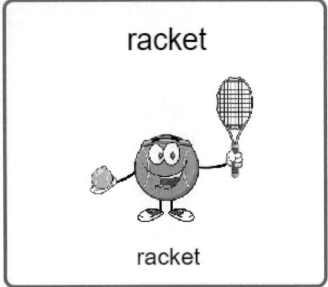

racket

octopus

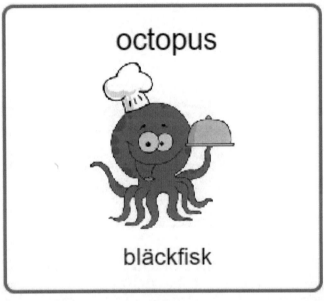

bläckfisk

guitar

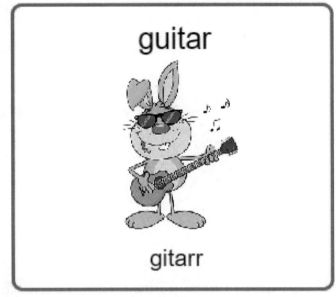

gitarr

tray

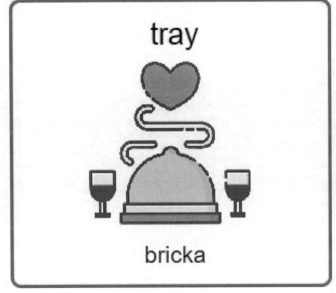

bricka

friendly

vänlig

hockey

hockey

vegetable

grönsaker

hippopotamus

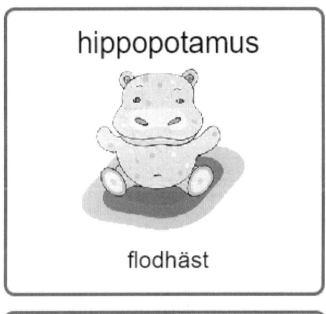

flodhäst

rug

mattor

kitchen

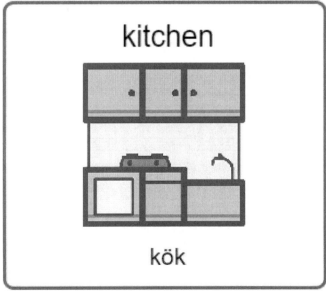

kök

monster

monster

slippers

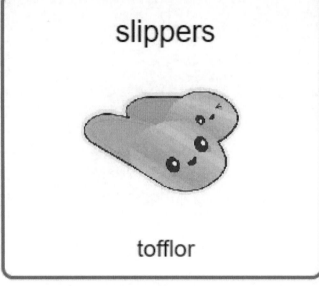

tofflor

feeding

matning

angel

ängel

golf

golf

looking

ser

tugging

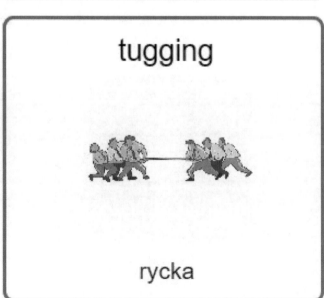

rycka

turban

turban

donut

munkar

tame

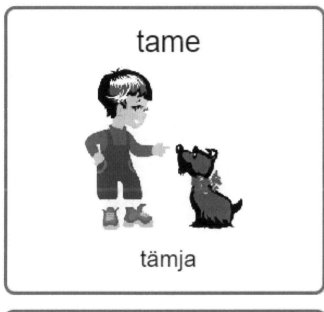

tämja

cheese

ost

scary

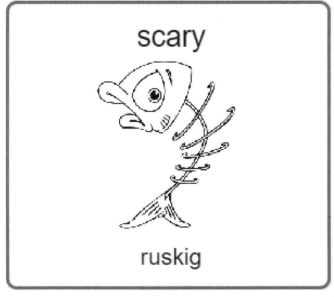

ruskig

run

springa

mad

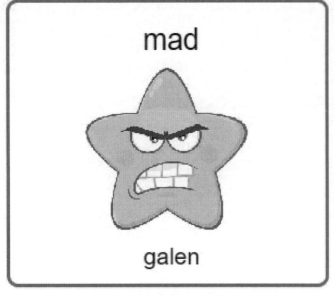

galen

knife

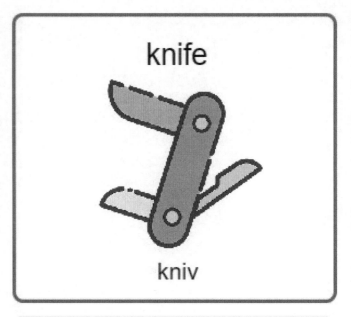

kniv

farmer

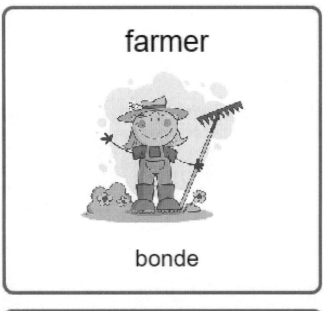

bonde

sack

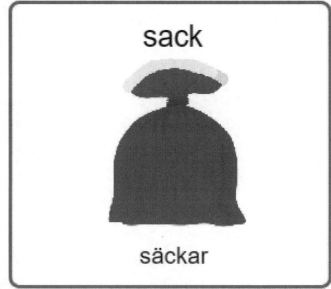

säckar

pie

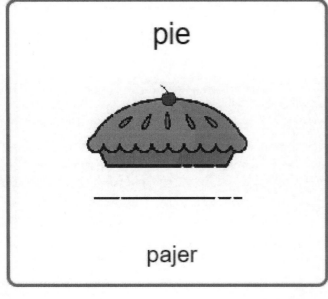

_____

pajer

stick

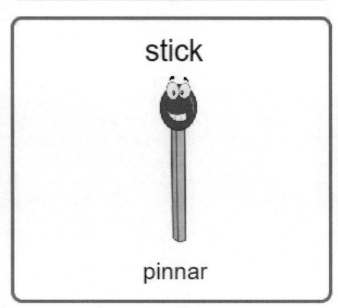

pinnar

teach

undervisning

avocado

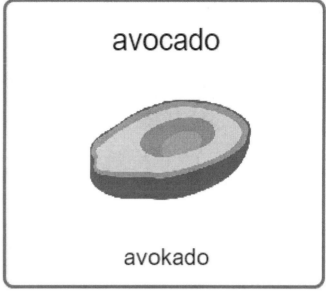

avokado

man

man

briefcase

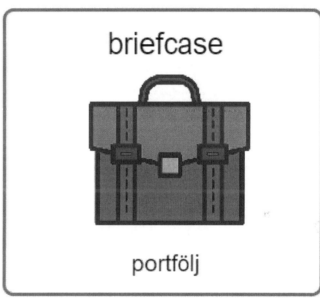

portfölj

leg

ben

street

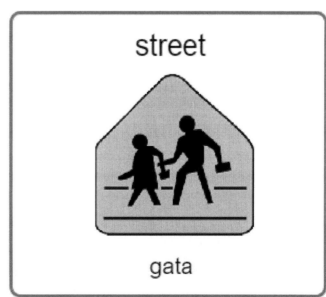

gata

lamp
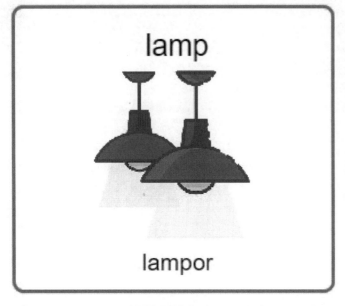
lampor

six
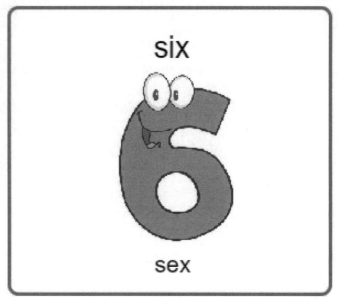
sex

cup

kopp

carrot
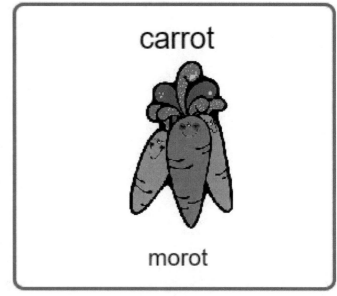
morot

leader

ledare

win

vinna

tombstone

gravsten

slicing

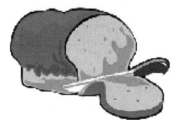

skivning

aggressive

aggressiv

dog

hund

summer

sommar

knitting

stickning

bedroom

sovrum

clap

klappa

squirrel

ekorrar

palm

handflatan

pagoda

pagod

beard

skägg

juice

juice

snowflake

snöflinga

parrot

papegoja

signature

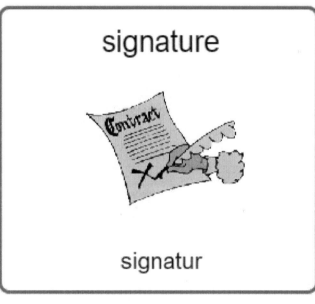

signatur

maid

hembiträde

wiping

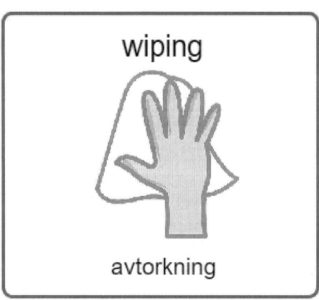

avtorkning

sheep

får

message

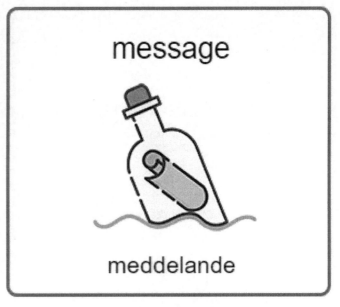

meddelande

sweater

tröjor

noodles

spaghetti

hotel

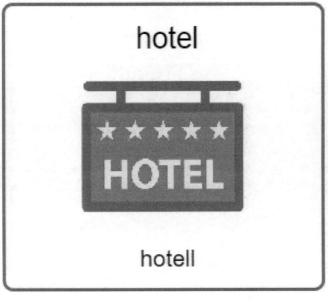

hotell

delicious

utsökt

wind

vind

spider

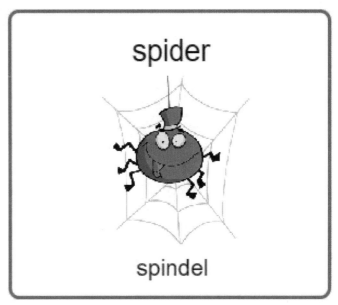

spindel

sister

syster

smile

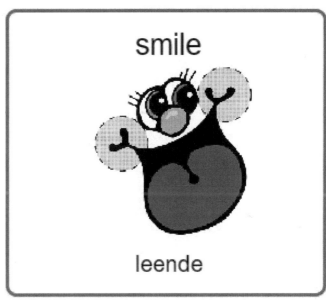

leende

boxing

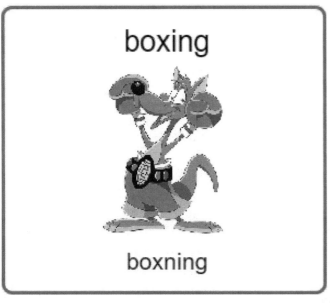

boxning

school

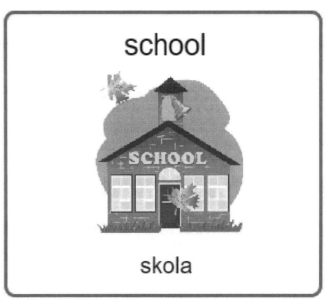

skola

necklace

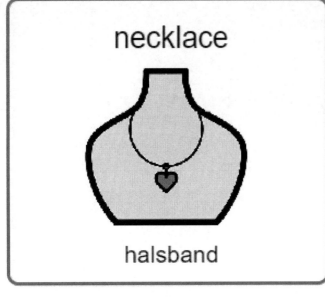

halsband

bicycle

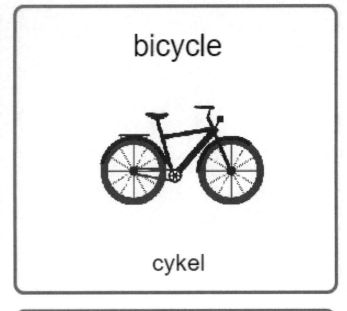

cykel

peach

persika

doctor

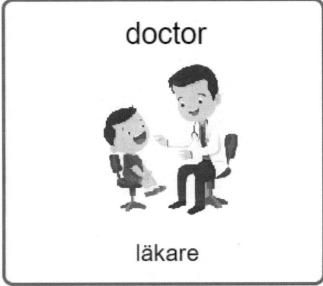

läkare

animals

djur

truck

lastbilar

celebrate

fira

stop

sluta

broom

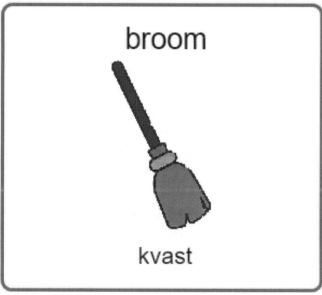

kvast

kangaroo

känguru

peanut

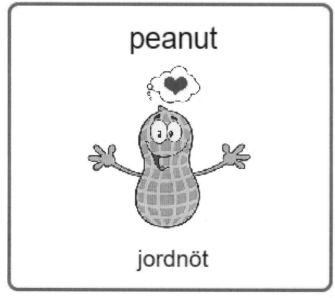

jordnöt

drink

dryck

rocket

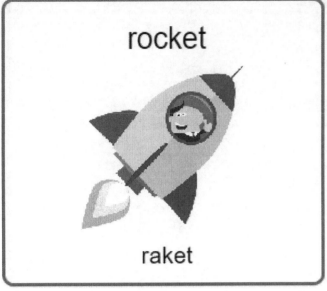

raket

crayons

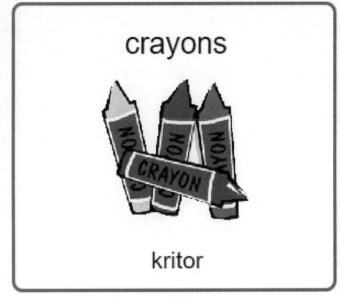

kritor

politician

politiker

banana

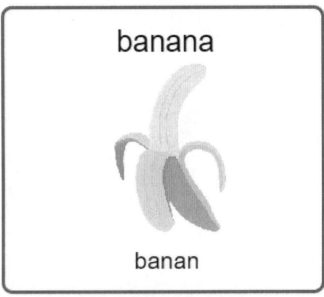

banan

plants

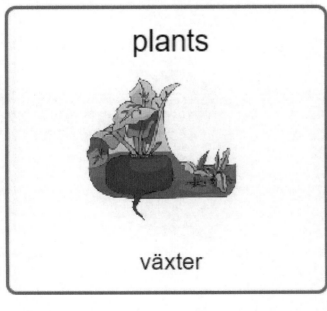

växter

powerful

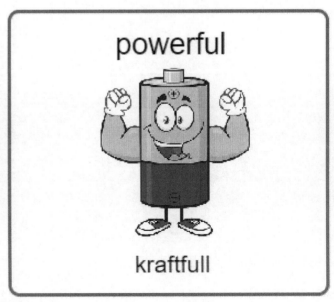

kraftfull

picture

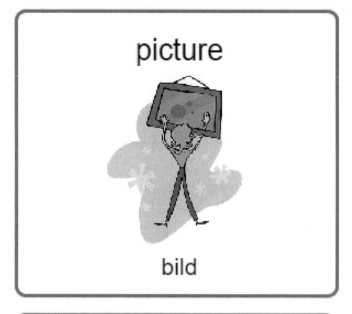

bild

pencil

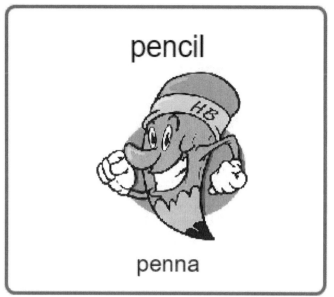

penna

goat

get

stinky

illaluktande

rooster

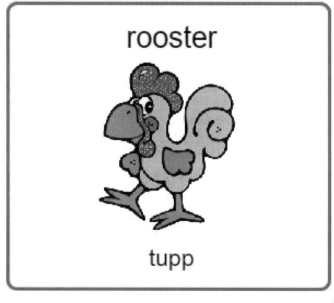

tupp

potato

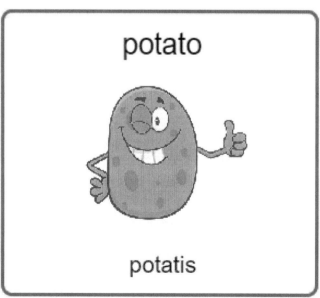

potatis

nest

bo

boy

pojke

morning

morgon

respect

respekt

comb

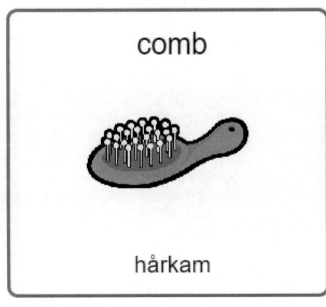

hårkam

rocks

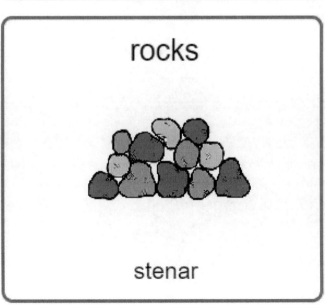

stenar

rose

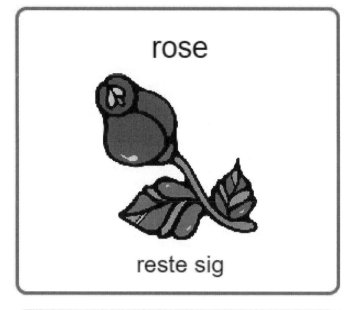

reste sig

mare

märr

carpenter

snickare

number

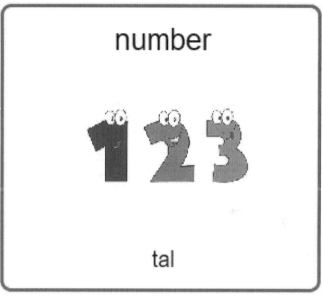

tal

tent

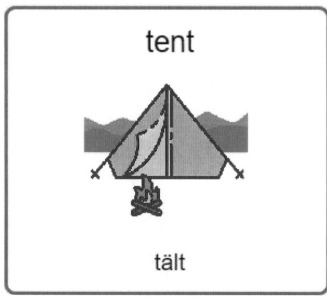

tält

earth

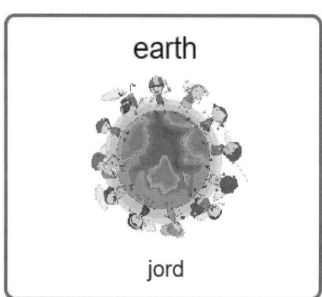

jord

bus

buss

toy

leksak

coconut

kokos

barber

barberare

teacup

tekopp

tomato

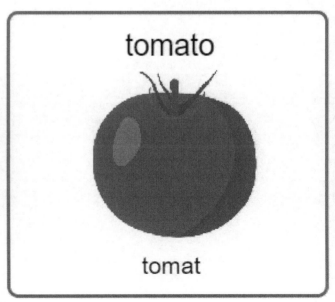

tomat

chicken

kyckling

nurse

sköterska

snow

snö

cherry

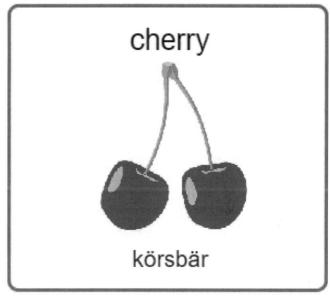

körsbär

muscle

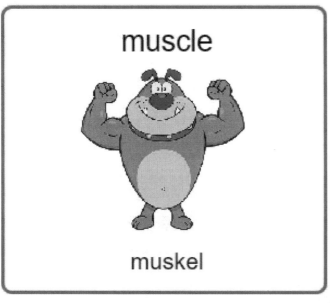

muskel

glove

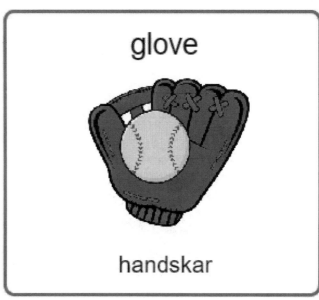

handskar

impress

imponera på

cowboy

cowboy

dock

docka

umbrella

paraply

whale

val

toddler

småbarn

rain

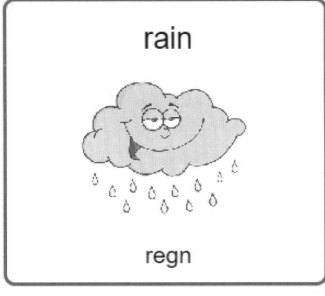

regn

tire

däck

ladder

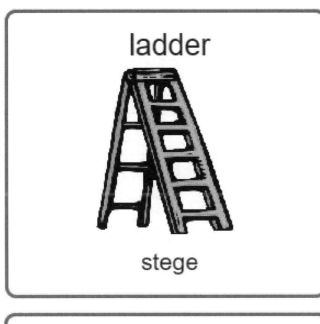

stege

wagon

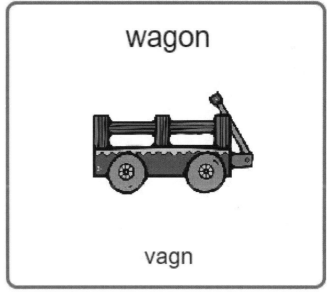

vagn

love

kärlek

happy

lycklig

ham

skinka

cutter

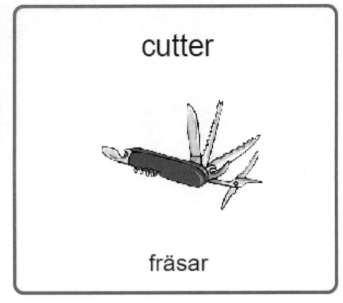

fräsar

walk

promenad

radio

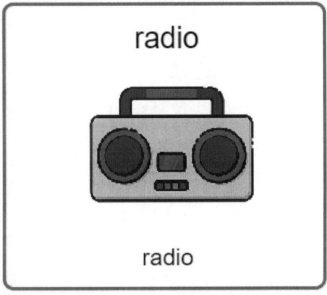

radio

serving

tjänande

cookie

kaka

hill

kulle

flower

blomma

barrow

kärra

lion

lejon

engine

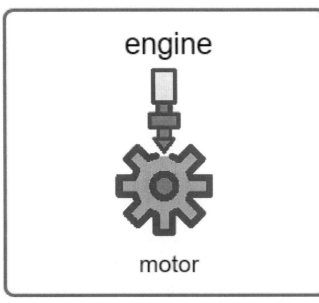

motor

camel

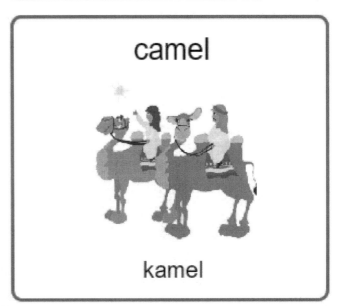

kamel

stockings

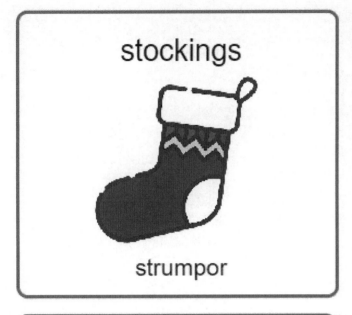

strumpor

chin

haka

clam

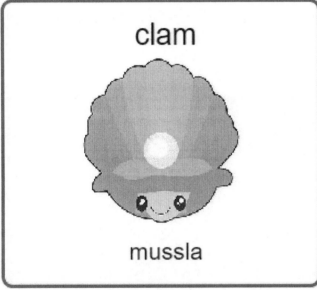

mussla

jug

kanna

seven

sju

oven

ugn

bin

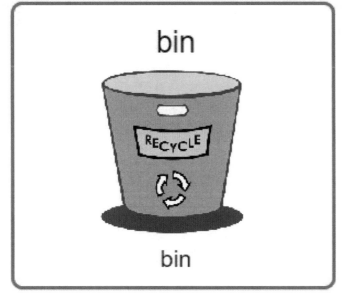

bin

socks

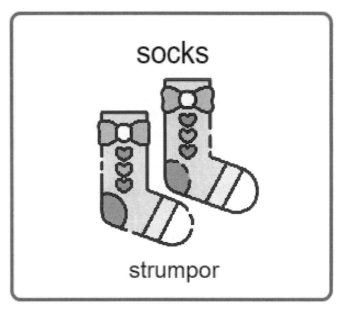

strumpor

girl

flicka

medication

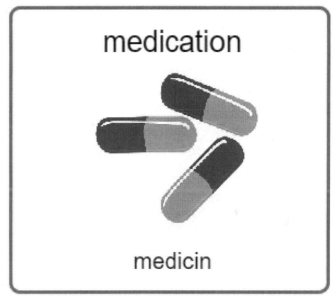

medicin

bib

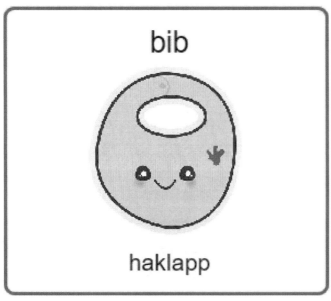

haklapp

princess

prinsessa

wood

trä

question

fråga

cot

spjälsäng

arm

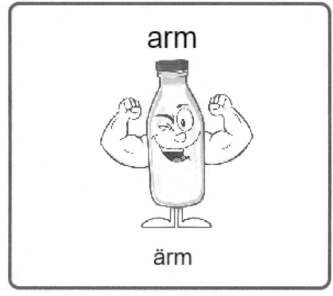

ärm

trash

skräp

utensils

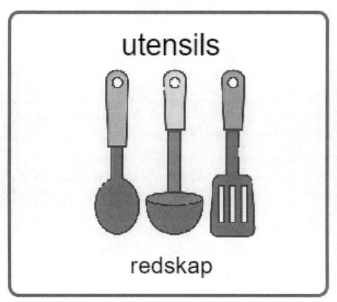

redskap

pin

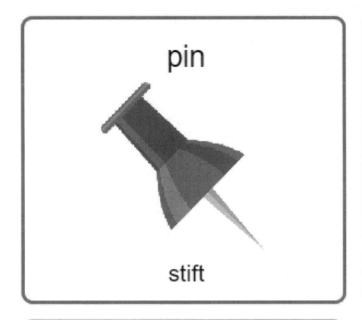

stift

math

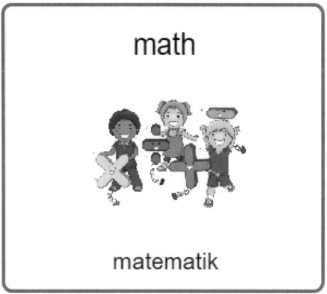

matematik

day

dag

coat

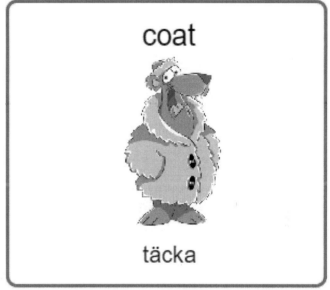

täcka

musician

musiker

fat

fett

hedgehog

igelkott

laugh

skratt

pudding

pudding

rat

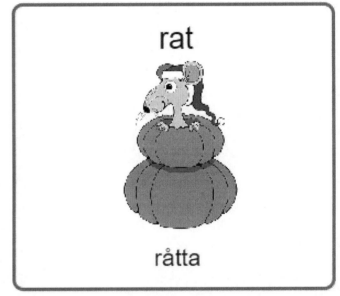

råtta

pizza

pizza

earring

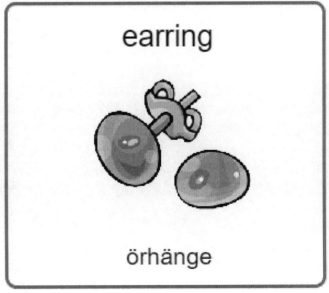

örhänge

kite

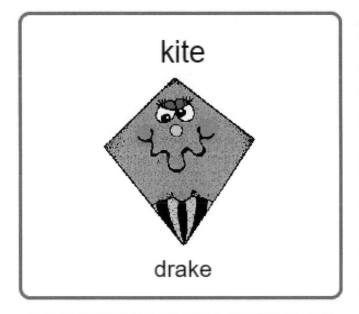

drake

strong

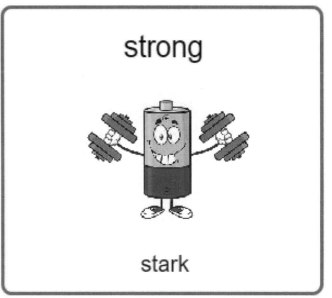

stark

watermelon

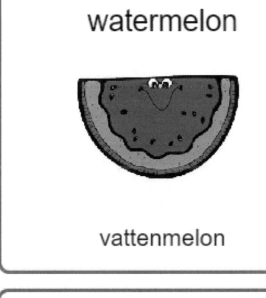

vattenmelon

dolphin

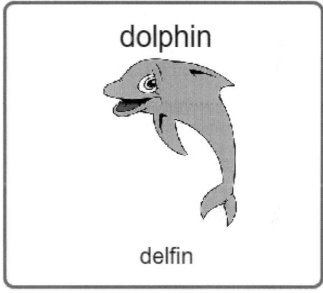

delfin

chick

kycklingar

alligator

alligator

ironing

strykning

waiter

servitörer

penguin

pingvin

dirt

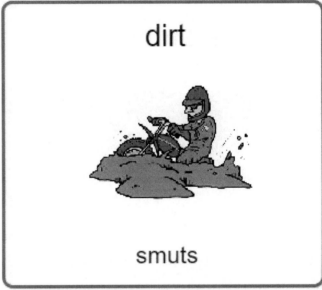

smuts

science

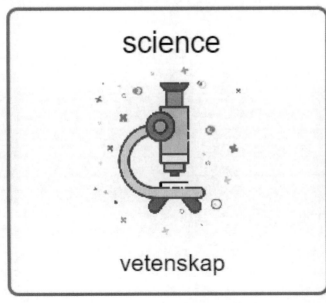

vetenskap

eggplant

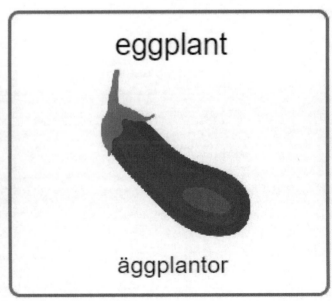

äggplantor

diamond

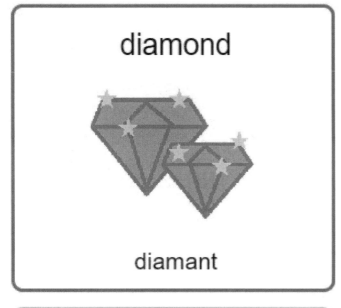

diamant

doll

docka

cactus

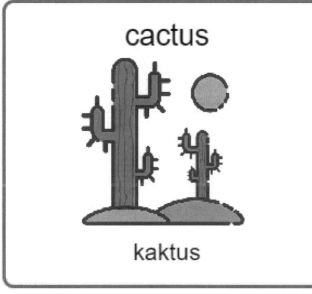

kaktus

ostrich

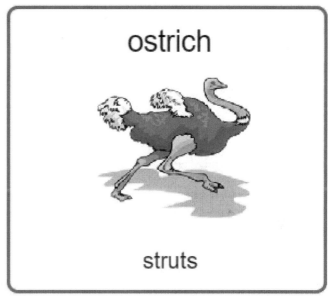

struts

nut

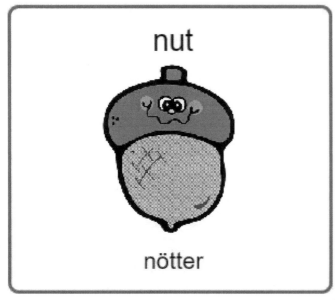

nötter

teacher

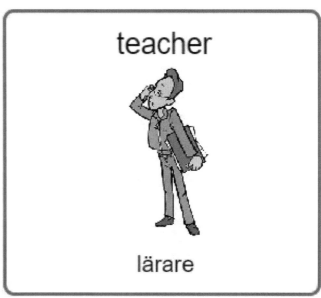

lärare

bad

dålig

alphabet

alfabet

policeman

polis

riding

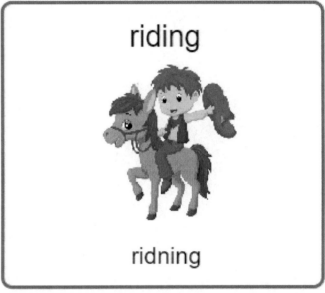

ridning

mushroom

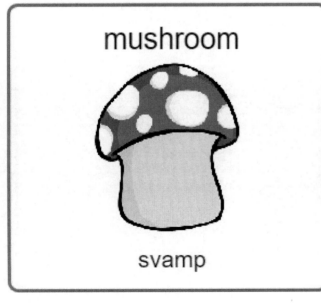

svamp

turkey

kalkon

vulture

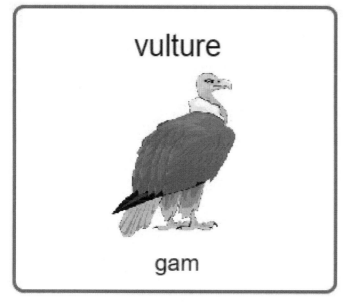

gam

up

upp

pretty

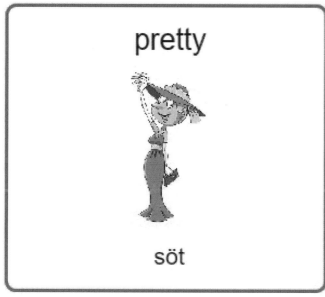

söt

deer

rådjur

book

bok

cucumber

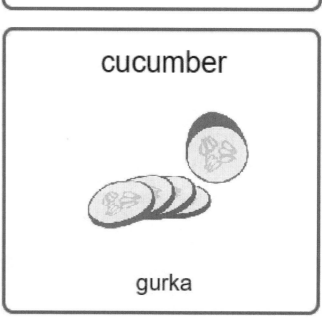

gurka

mop

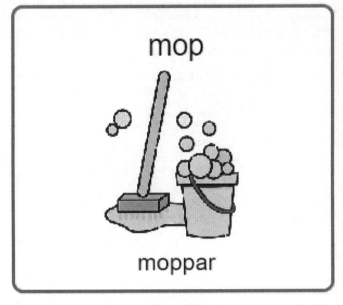

moppar

pen

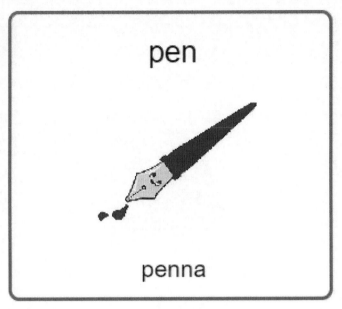

penna

pigeon

duva

rabbit

kanin

bottle

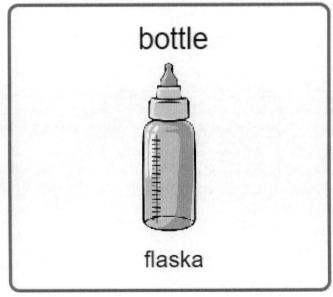

flaska

party

fest

cake

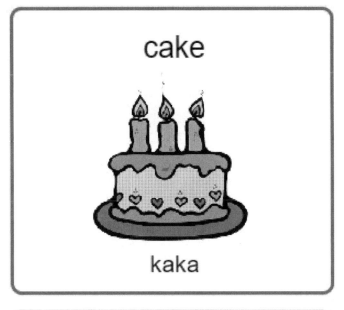

kaka

letter

brev

clock

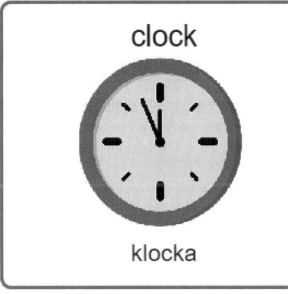

klocka

quiet

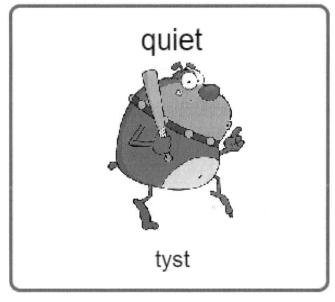

tyst

bug

insekt

koala

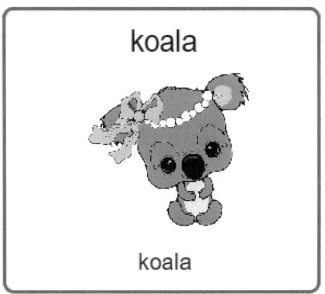

koala

bowl

skål

unicorn

enhörning

parachute

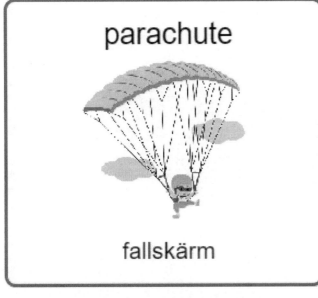

fallskärm

scissors

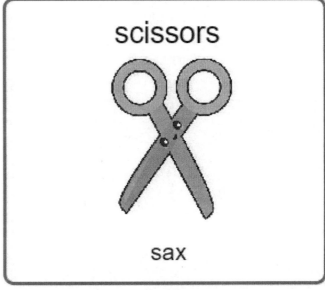

sax

cat

katt

drum

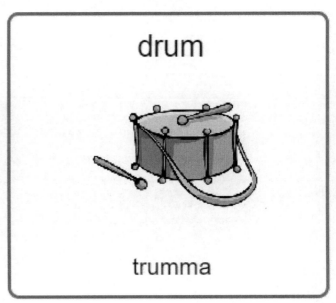

trumma

farm

bruka

basket

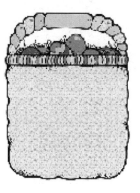

korg

compass

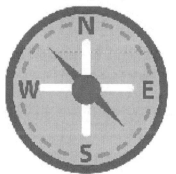

kompass

face

ansikten

mat

mattor

goodbye

adjö

jeep

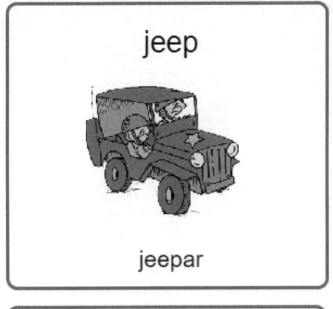

jeepar

plane

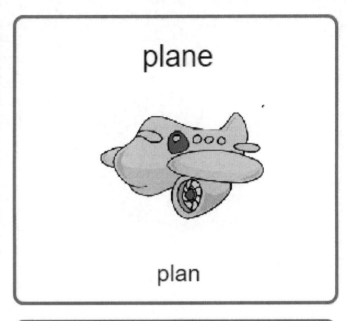

plan

oyster

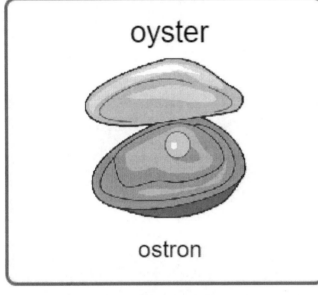

ostron

vase

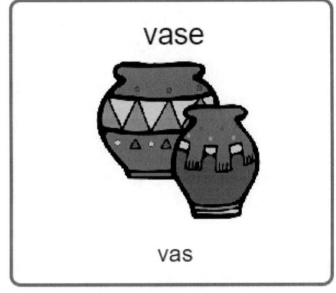

vas

blood

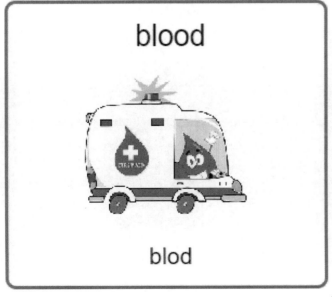

blod

horse

häst

grapefruit

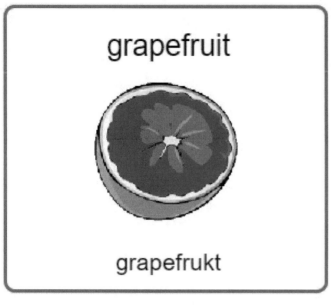

grapefrukt

vest

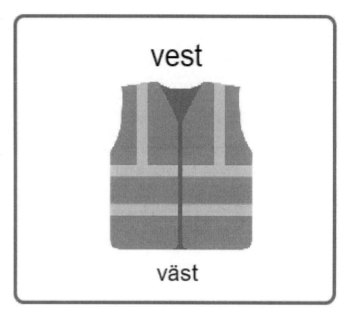

väst

bread

bröd

hit

träffa

under

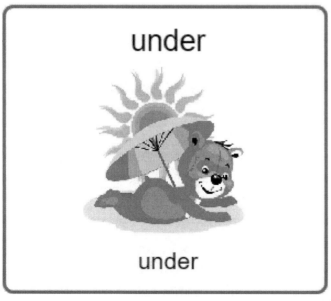

under

curtain

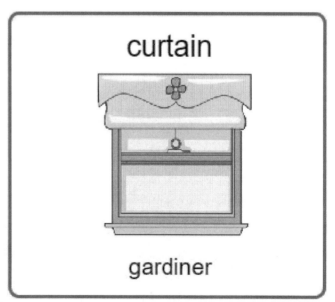

gardiner

bouquet

bukett

christmas

jul

circle

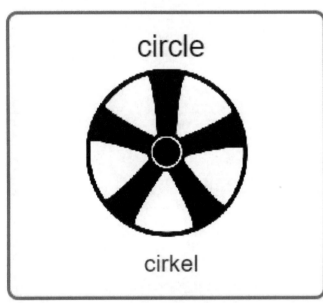

cirkel

camera

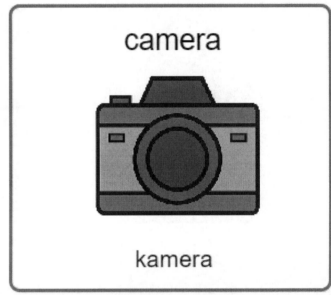

kamera

quail

vaktel

shopping

handla

hexagon

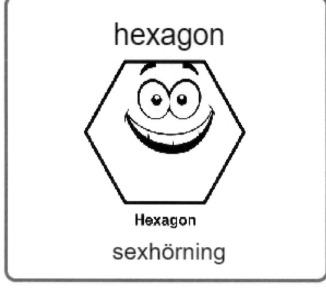

sexhörning

tea

te

three

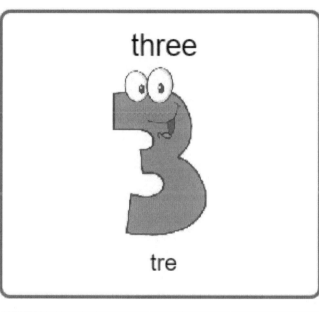

tre

sound

ljud

sleeping

sovande

apple

äpple

scarf

scarf

kiwi

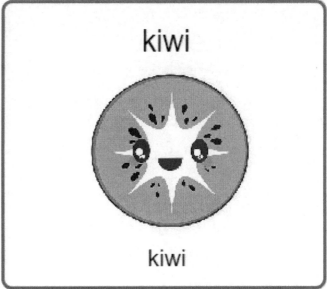

kiwi

microphone

mikrofon

towel

handduk

dice

tärningar

beg

be

nose

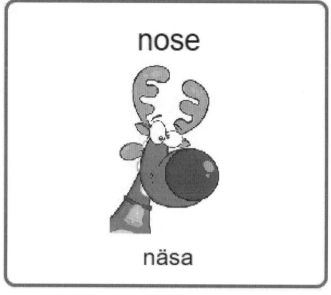

näsa

team

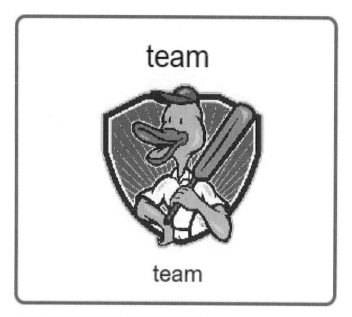

team

fire

brand

fly

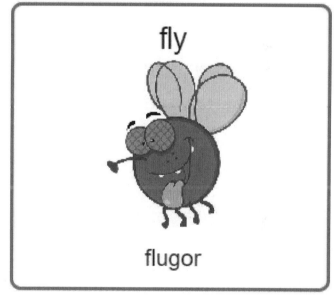

flugor

boat

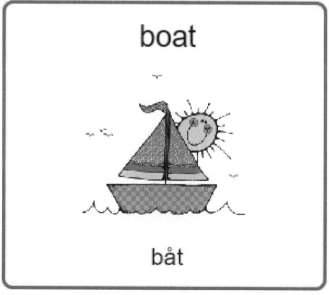

båt

nibble

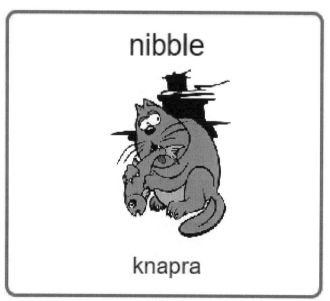

knapra

him

honom

bird

fågel

shirt

skjorta

desk

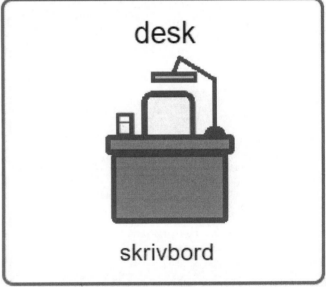

skrivbord

open

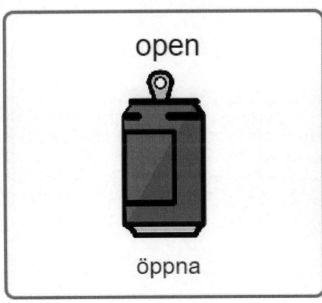

öppna

magician

trollkarl

dance

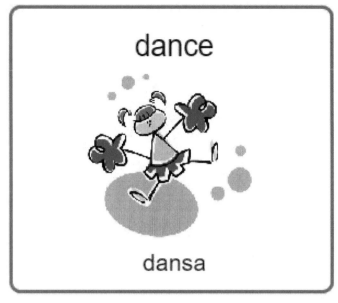

dansa

cafe

kaféer

door

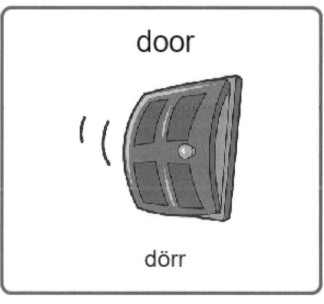

dörr

wash

tvätta

reading

läsning

hopping

hoppande

sketch

skiss

scooter

skotrar

toilet

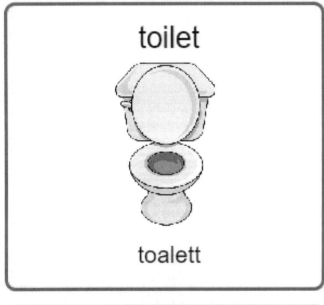

toalett

bridge

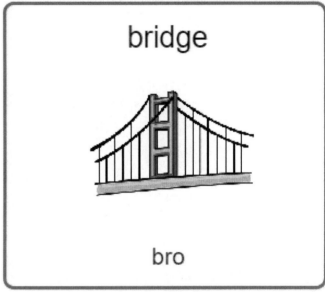

bro

angry

arg

big

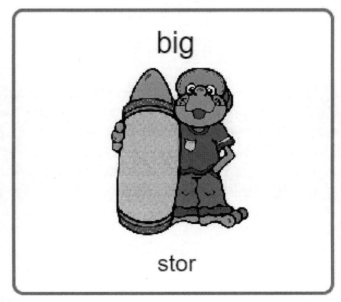

stor

ant

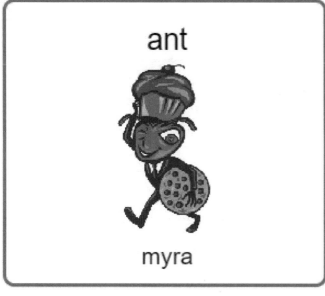

myra

eyes

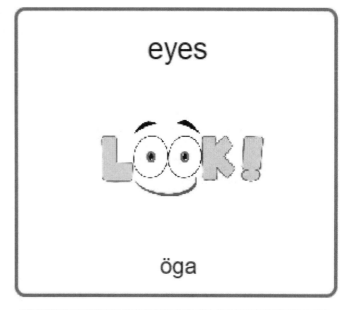

öga

news

nyheter

hen

höna

chili

chili

shorts

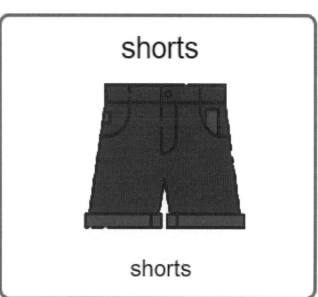

shorts

working

arbetssätt

bee

bi

turnip

rova

hammer

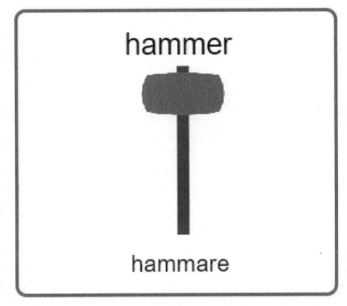

hammare

baby

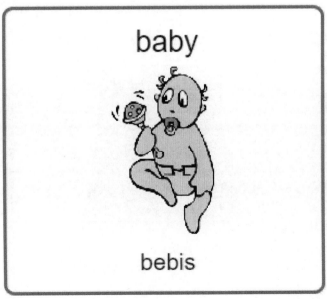

bebis

eight

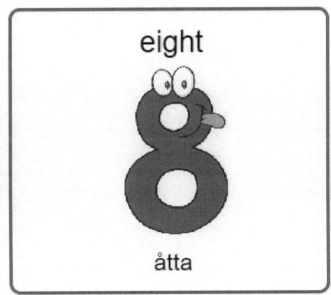

åtta

yogurt

yoghurt

frog

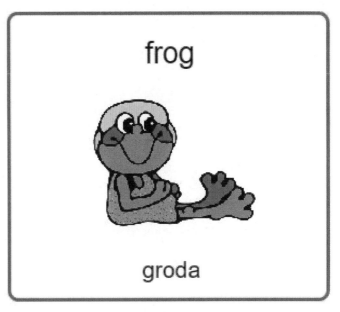

groda

head

huvud

ballon

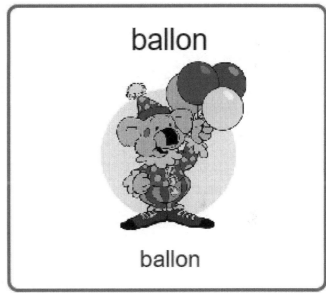

ballon

groundhog

groundhog

microscope

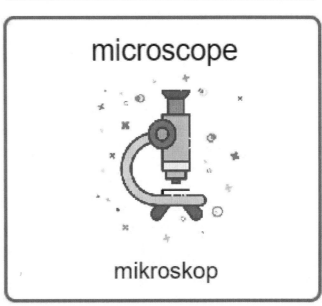

mikroskop

candy
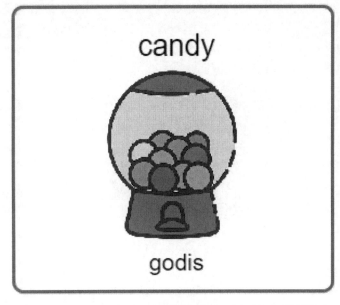
godis

turtle

sköldpadda

skirt

kjol

jogging

joggning

steak

biff

wag

vifta

airplane

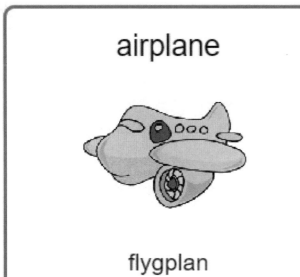

flygplan

factory

fabrik

pot

pott

ball

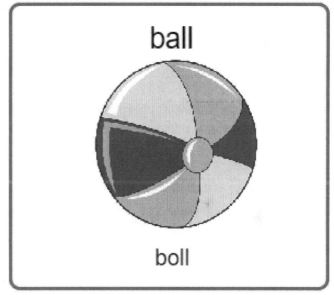

boll

chalkboard

svarta tavlan

hair

hår

owl

uggla

mask

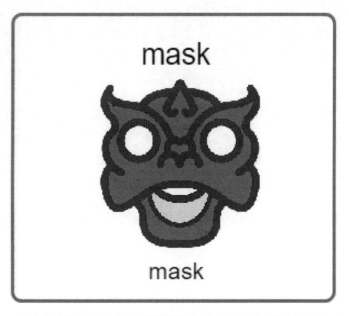

mask

dig

gräv

pajamas

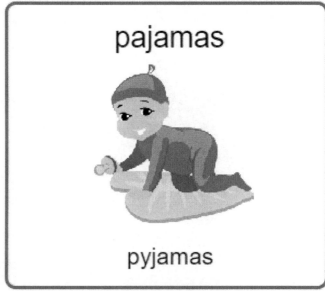

pyjamas

throwing

kasta

gun

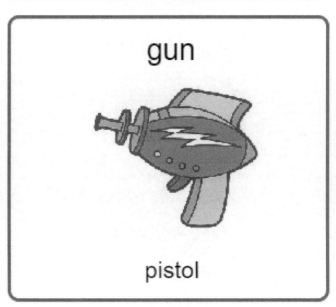

pistol

fish

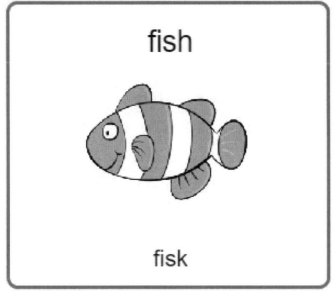

fisk

sit

sitta

suitcase

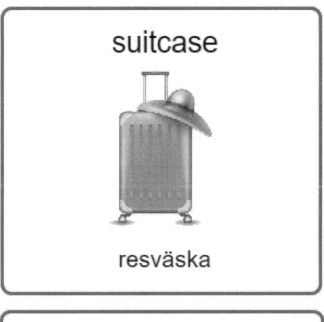

resväska

baseball

baseboll

butterfly

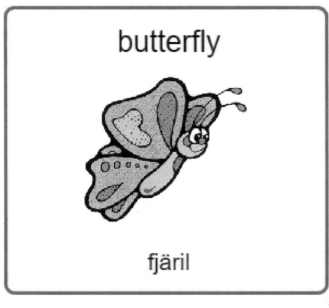

fjäril

kids

ungar

telescope

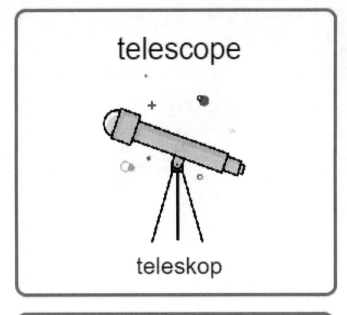

teleskop

mother

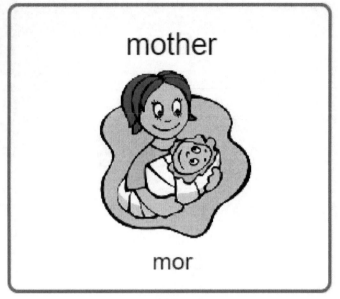

mor

island

ö

backpack

ryggsäck

puppy

valp

five

fem

window

fönster

body

kropp

pirate

pirat

soup

soppa

yarn

garn

lantern

lykta

autumn

höstar

knight

riddare

puddle

pöl

house

hus

ground

jord

hand

hand

Printed in Poland
by Amazon Fulfillment
Poland Sp. z o.o., Wrocław

35926042R00063